# 너의 손을 잡는 순간 지구에 꽃이 핀다

임명철 시집

문학의전당 시인선
396

# 너의 손을 잡는 순간 지구에 꽃이 핀다

임명철 시집

문학의전당

첫 시집을 낸다.
첫 발자국을 뗀다.

삶의 원형을 찾아 떠나는 문학,
그것이 있어 나의 인생길이 덜 쓸쓸하였다.

이 시집이 있어
여러분이 덜 쓸쓸하면 좋겠다.

2025년 10월
임명철

**차례**

시인의 말

# 제1부

## 제2부

## 제3부

# 제4부

제1부

.

# 열애

열매라는 단어를
열애라고 읽었다

내가 지독히
외로운가 보다

# 숯

사방 가로막힌 골방에서
섭씨 1000도의 고통을 겪으며
내 한 몸 검게 타버렸네
과거의 내가 아닌 다른 나로 태어났네
살갗은 툭툭 터졌고
모든 불순물이 그 사이로 빠져나갔네
냄새도 없고 맛도 없는 몸
고집도 없고 주장도 없는 몸이 되었네
그러자 나 사람들의 친구가 되었네
찾는 사람이 많아졌네
내 검은 얼굴과 몸을 혐오하지 않고 오히려 사랑했네
나의 상처를 보듬어주었네
나도 그들의 고통을 덜어주고
염증을 치유해 주었네
그들 가슴속 불순물을 없애주었네
원적외선과 음이온을 나눠주었네
끈적끈적한 슬픔의 물기를 말려주었네
나를 통과한 깨끗한 물과 깨끗한 공기를 마시고

그들은 기력을 회복했네
함께 고통을 나누자 그들과 나 모두 싱싱해졌네
도저히 견딜 수 없을 것 같던
섭씨 1000도의 시간을 견디자
인생의 다른 순간이 찾아왔네

# 마지막 눈

지금 내리는 눈이 올해의 마지막 눈이라면
나는 회사에 휴가를 낼 것이다
모진 이별의 아픔이 시작되는 날
일이 손에 잡힐 리 없으므로.
휴가사유서에는 눈병, 이라고 적을까?
동료들은 안과에 간다고 생각할지도 모르겠다
그러나 그 깜찍한 거짓말은 그들의 오해에서 비롯된 것
나는 진짜 눈병이 난 것이다
회사를 나와 바닷가 찻집 창가에 앉아
떠나가는 그녀, 마지막 눈을 하염없이 바라보리라
맥없이 맥없이 바라만 보다가
문득 정신이 들어 밖으로 뛰쳐나갈 것이다
눈의 소맷자락을 붙잡고
가지 말라고 가지 말라고 외치지는 않으리라
울지도 않으리라
그냥 조용히 얘기나 하자고 하리라
어쩌면 짧은 입맞춤도 하리라
지난 몇 달 몇 번 만나지 않았지만 정들어 버렸다고

없이는 못 살 정도가 되었다고
차마 말은 안 하리라
서서히 사라지던 어느 날의 노을처럼
어느 날의 안개처럼
가야만 할 운명
구차한 말은 필요 없으리
그저 하루의 휴가를 함께 보내는 일밖에
함께 걷는 일밖에
함께 젖는 일밖에
지금 내리는 눈이 올해의 마지막 눈이라면
나는 기어코 그렇게 하리라

# 멸치

앵두 빨갛게 익어갈 때
꼭 이맘때 멸치 올라온다고
텔레비전에서 한 아주머니가
시인처럼 말한다

갓 잡아 올린
멸치회 먹으러 가고 싶은 한낮

초고추장 입술에 묻히며
멸치회 나눠 먹던
앵두 같던 섬 처녀

수박 등 아득한 바닷가 횟집
파도 소리
여적지 마음에 찰랑이는데

앵두는 열리고
멸치는 올라오는데

# 시를 읽다가

한 시인의 시를 읽다가
줄줄 울다가
다시 시를 들여다보네

"마침내 나 먼저 숨을 놓으면
그 여자 이제는 울지도 웃지도 못하리
나 피우던 쓴 담배 따라 피우며
못 마시던 술도 배우리 욕도 배우리"*

보다가 또 우네

연애 십 년 결혼 삼십 년
쎄빠지게 고생한 우리 마누라
불쌍해서
시벌 시벌 중얼거리며
중얼거리며

---

* 김사인, 「부뚜막에 쪼그려 수제비 뜨는 나어린 처녀의 외간 남자가 되어」 중에서.

# 유리집

온통 눈이 오거나
대책 없이 비 오는 날
우리는 바닷가 작은
유리집으로 갔지
사방이 통유리로 지어져
파도와 솔숲으로 포위된 곳
사면초가에 들듯
하릴없이 시름에 겹던
스무 살 언저리 어느 시절
지워진 시간처럼
영영 사라진
우리들의 아지트, 바닷가 유리집
톱밥 난로 위에선
양은주전자 뚜껑 설레게
덜컹거렸네
너의 얼굴은 숯처럼 빨갛게
난롯가에서 익고
내 가슴엔

그네 얼굴 같은
사랑의 숯 달아올랐네
아, 그립고 그리운
유리집

# 하동행

늘 은어 낚시하러 섬진강에 가던 D와는 달리
K 시인처럼 호미 던져두고* 꽃구경하러
예쁜 여자들, 털털한 남자들과
섬진강에 가는 길
은어 같은 봄비가 속살거려
비꽃인지 꽃비인지 모를 벚꽃길
아이 아홉 낳은 L 시인의 팔순 다 된 엄마는
둘째 딸의 시벗들을 위해
밥을 짓고 나물을 무쳐내고
우리는 말통 가득 생막걸리 밤새 퍼마시며
꽃비인지 비꽃인지 모를
떨어져 내리던 것들의 아름다움에 취했다
작설차와 보이차 향 안개 속에 뿌려진
속살 연한 섬진강 지류 물속에
허무와 시름 다 씻고 씻어
이토록 서럽게 꽃 같은 마을
이토록 눈물겹게 은어 같은 동네 본 것만으로
정녕 나는 남은 한 해를 잘 살아내리

어느 꽃비 오는 날

홀연히 바다에서 올라오는 은어처럼

다시 평사리 넓은 길을 거슬러

지리산 흘러내린 물 오르고 싶다는,

서희**의 우여곡절 인생을 스치며

이 섬진강에 오고 싶다는

와서, L 시인 엄마의 밥

꽃비와 비꽃 섞어

고추장에 쓱쓱 비벼 먹고 싶다는

유성 같은 꿈 하나 가슴에 품고

잘 있어 섬진강, 속으로 안녕하며

돌아가는 봄날

어느, 봄날

———————
*호미 던져두고: 김용택 시인의 「봄날」에서.
**서희: 박경리 대하소설 『토지』의 주인공.

# 어떤 유전

여동생이 식탁 의자에
한쪽 무릎을 세워 올리며
나, 아빠 닮았나 봐
하면서 웃는다

살아생전 당신이 하던 버릇이 생각난다

삼겹살을 굽다가도
커피를 마시다가도
한쪽 다리를 의자에 세워 앉던 당신

곧잘 어딘가에 부딪혀
아야, 하고 엄살떠는 내 버릇도
당신에게서 왔다

황혼에 자주 붉던 당신 눈동자처럼
내 눈동자도 여동생 눈동자도
붉어간다

# 눈동자

소리 없는 소리
빛 없는 빛
그것은 흡사 어느 우물에 담긴
영혼의 그림자 같고
뜨거운 피가 걸어가는 길섶에 피는
꽃 무리 같다
창백한 달빛이 비치는 깜깜한 시골길
기어이 돌아가야 할 고향 같다

# 쌀

아이들이 동그라미를 그리고
그 안에 색칠을 하듯이
벼는 먼저 껍질을 만들고
그 안을 열매로 채워가네

아이들이 작게 동그라미를 그리듯이
벼는 작게 껍질을 만드네

세상 사람들이 큰 집을 지을 때
벼는 아주 작은 집을 짓네

작은 집끼리 모여
한 마을을 이루네

밥 한 공기 속에 알콩달콩 모여
한 사람의 허기를 달래네

아이를 키우려면 온 마을이 필요하다 했던가

사람을 살리는 데
쌀의 마을 하나가 필요하네

서로 함께 사람 하나 키우고 살리네

# 개여울에 앉아

개가 앞에 붙는 이름이
왜 그렇게 좋은 걸까

그냥 망초보다
그냥 두릅보다
개망초 개두릅에 더 정이 간다
더 예쁘고
더 맛있다

개여울에 앉아 생각한다

한갓 개꿈 같더라도
인생은 개나리 무더기 핀
노란 길을 걷는 것
개망초 개살구 지천인
개여울길을 걷는 것일지도 모른다고

# 계절 사이에 내리는 비

계절과 계절 사이에는 꼭 비가 내리지
두 계절의 공동경비구역에 내리는 비는
무슨 간주곡인 듯해
툭툭 솔방울은 떨어지고
자작나무 잎에도
낡은 자동차 지붕 위에도
타닥타닥 발자국 소리
누구를 위하여 비는 내리나
실개울에 떨어지는 11월의 빗소리
흡사 다듬이 소리 같아
개와 늑대의 시간인지
미라보 다리의 시간인지 모를 곳에서
느린 우체통으로부터 도착한 편지 한 줌 손에 들고
나 어쩔 줄 몰라 하노라
넘어가는 달력 사이에 비 내리는 오후

# 나무

나뭇가지가 떠는 것은
삶이 두렵기 때문이다
수백 번의 태풍과 수십 번의 겨울을 겪은
고달픈 살갗을 본다

중력을 거슬러 온 힘으로 물을 끌어 올린
지난한 노동의 얼굴

그러나 나무는
저 자신만을 위해서
떠는 게 아니다

숱하게 보아온
사람 세상의 질곡이 안타까워
저렇게 몸을 떨고 있는 것이다

나는 곧 겨울 맞을 나무가
안쓰럽고

나무는 겨울 들판에 홀로 서 있을
내가 안쓰럽고

# 심곡항

골이 너무 깊어
심곡이라고 부르는 항구
한국전쟁 때 인민군조차 올 수 없었다는 이곳은
오래오래 몽돌해변이었네
나씨 성을 가진 어린 내 친구가
싸두바리로 멱을 감던 바다
드르륵 드르륵
이명처럼 귓속을 드나드는 몽돌,
파도에 쓸리는 소리
야전 점퍼 주머니만 하던
그 항구를 나는 기억하네
전마선 몇 척 위태롭게 떠 있던
등대 하나 없던 적막한 항구
이제는 추억의 파도만
켜켜이 밀려오는

# 동행

바람이 어떻게 그 먼 길을
달려가는지 아세요?
지치지 않고!

어느 날 나는 보았죠

그에게 젖을 먹이는
다래나무를,
노란 국화를

물을 먹이는 강물을,
호수를

그러니 바람은 저 혼자
길을 가는 게 아니랍니다

# 마음의 오지

마음에도 오지가 있다는 걸 나 오늘 알았네
세계를 발로 여행하는 프로그램을 보다가
문득 내 마음의 오지에
등불을 켜주고 싶다는 생각을 하였네
전깃불조차 들어오지 않던
20세기 한국의 오지마을처럼
오로지 등잔불에 의지해 살아가는
오지의 사람들을 보며
비로소 저 깊은 내 마음속
오지를 발견하네
오랫동안 어둡게 어둡게만 지내던
쓸쓸한 마음의 마을
나 조용히 작은 등불 하나 걸어두네

제2부

# 아침 달

아침에 무슨 달이냐, 할 것이다

그러나 어느 아침
서쪽 하늘을 보라

거기 밤새 길을 밝히던
지친 얼굴 하나 있으리니

그 얼굴
수면 부족으로 창백하리니

야근을 끝내고 터벅터벅
걸어오던 아버지

# 쓰거운 것들


멧돼지 쓸개를 넣은 술에

곰취를 먹는다

쑥갓을 먹는다

이 쓰거운 것들은 이열치열

인생의 쓴맛을 덜어주는 힘이 있다

구태여 깊은 골짜기까지 들어와

인간 세상의 오지에 찾아와

쓸개주에 쓴 나물을 얹어 먹는다

삶이란 견디는 것임을

말없이 쓴 것을 먹는 일임을

멧돼지처럼 캄캄한 숲속에서 헤매고

곰취처럼 차가운 이슬 맞는 일임을

하나하나 알아가는 것이다

# 그것조차 묻지 않는

15,000km나 떨어진 바닷속에서
서로의 목소리로
사랑을 확인할 수 있다는 고래를 생각하면
평생 그 말 한 번
제대로 한 적 없는 내가
한없이 초라하다
아니, 한때는 그러한 때가 있었다
DDD 전화기 너머로
속삭이던 밀어
작은 소리로도 멀리 갔던 시절
강물처럼 아래로만 흘러
다시 돌아갈 수 없는 어느 한때
나를 사랑하니, 라고 물어오면
싱겁기는, 하고 마는 지금
그것조차 묻지 않는 지금

# 밤과 낮

　세상은 참 넓고 넓어서 어느 나라에 가면 끝없이 백야가 펼쳐진다고 한다 나도 한 번 그런 나라에 가 보고 싶다 하루가 전부 낮인 그 나라에서 잠도 자지 않고 돌아다니고 싶다 하지만 그 나라에서만 살라고 나를 내몬다면 나는 끝끝내 망설일 것이다 침대에 곯아떨어지는 밤과 새들 지저귐에 잠 깨는 아침이 없는 나라라니! 한낮의 상처를 싸매주는 밤과 고독에 찬 밤을 몰아내는 아침이 없는 그런 나라에 나는 끝내 가지 않으리라 밤만 있거나 낮만 있는 인생의 날들이란 온통 깜깜하거나 온통 환해서 곧 지루하거나 곧 질릴 터 곧 지치거나 곧 병들어 누울 터 창문을 닫고 삶을 반추하게 하는 밤과 창문을 열어 바람을 맞이하게 하는 아침이 없는 그런 나라에 나는 결코 가지 않으리라 조물주가 세상을 만들 때 제일 처음 밤과 낮을 만든 이유를 조금 알 것 같은 지금에는 더더욱

# 그리운 소리들

그날 십자가 아래 종탑에서
새벽 종소리가 새처럼 날아가고
이윽고 후투티가 공중에 선을 그으며
자신의 몸을 울어댔다
두부 장수의 종소리가 울린 건
후투티가 언덕 벽의 자기 집으로
막 들어간 뒤였다
아침 식사를 끝낸 동네 꼬마 훈이가
세발자전거를 끌고 나오자
새소리 같은 따르릉 소리가
마당 이리저리 굴러다녔다
고무줄 소리, 우물가 두레박 소리,
국수 치대는 소리,
어이 어이 애들 모여라
여자는 필요 없고 남자 모여라
거기에 화답하는
어이 어이 애들 모여라
남자는 필요 없고 여자 모여라, 소리

따로따로 놀다가
부아앙 소독차 소리에
함께 고함치며 신작로를 내달리는 아이들
마음 내키는 대로
예술적으로 쩔그럭대는
호박엿 장수 가위질 소리
그 어린 날의 그리운 소리들

# 시집을 사다

시내에 나가 시집 다섯 권을 샀다 가을이면 당신 생각을 켜 놓고 잔다는 시인의 시집과 산벚나무 꽃 필 때 당신에 대한 사랑을 내장부터 똥구멍까지 송두리째 꺼내 보여주고 싶다는 시인의 시집과 운석을 지구에 떨어진 싸늘한 심장이라는 시인의 시집과 후두두두둑 빗소리에 깝죽새의 울음이 사방으로 튄다는 시인의 시집과 아기 업고 사람 많은 터미널, 모서리를 오가며 울고 있는 여인의 모습을 그린 시인의 시집을 샀다 어릴 때 눈깔사탕 숨겨놓듯 네 권의 시집을 숨겨놓고 한 권만 손에 든다 오래 오래 사탕을 빨아 먹었듯이 아주 아주 천천히 시집을 읽는다 시 한 편 끝날 때마다 책상 한편 놓아둔 시집들을 바라보며 미소 짓는다 혼자 비밀 간직한 채 비식비식 웃으며 다니니 식구들이 걱정스런 눈으로 쳐다본다

# 풍동리의 여름

앞마당 감나무는 3대째 이 집의 살림을 바라보고 있습니다 세상 비바람에 벗겨진 지붕 위로 따가운 햇살이 꽂히고 손자는 어느새 할아버지가 되었습니다 빨랫줄에 즐비하던 깨알 같던 웃음은 잠자리를 타고 하늘 높이 날아갔습니다 장독대 곁 붉게 타는 샐비어만 젊던 주인 내외의 한 시절을 떠올리고 있습니다 좁은 흙길을 은어같이 싱싱하게 달리던 자전거는 몇년째 낮잠에 빠져 있습니다 텅 빈 마음 같은 망태기가 바람벽에 흔들립니다 가위 바위 보, 소리 후다닥 뒤뜰로 숨어들던 발자국 소리 무궁화꽃이 피었습니다, 고백하면 어김없이 피어나던 무궁화조차 더디 피는 산골 주름살 이랑에 감자씨를 놓고 돌아오는 홍천댁 귀밑에 머리카락이 눈부십니다 호박잎에 빡작장 얹어 입에 넣는 오후 감나무가 굵은 눈물 툭 떨구는 풍동리의 여름이 지나갑니다

# 양수리

왜 그렇게 양수리에 가고 싶었을까요

외롭거나 슬프거나

나 아주 억울할 때

난 왜 그곳에 가고 싶었을까요

거기 어디 서럽던 인생들이 있었다지요

거기 어디 외롭던 강물들이 만난다지요

나는 왜 그곳에 가고 싶었을까요

속세를 등지듯이 서울 떠난 친구들이 있는 곳이어서일까요

자욱할 물안개가 보고 싶어서일까요

나 언젠가 꼭 양수리에 가야 합니다

꿈에서라도 꼭 가야 합니다

저 먼 별처럼 그리운

환청처럼 시달리게 하는 그곳

내 마음의 양수리

## 변화와 변함

변화는 있지만 변함은 없다, 는
강릉단오제

당신 마음은 어떤가요?

변화와 변함의 경계 어디쯤
당신은 걸어가고 계신가요?

세상에 변하지 않는 건 없는가요?
변화하지 않는 건 없는가요?

당신은 어떤가요?

# 막버스의 기억

막버스로 그녀를 보내고 돌아오는 밤길은
찬란하였다
벚꽃 흐드러지면 흐드러진 대로
단풍 붉으면 붉은 대로
다만 찬란하였다
기약이 있는 것도 아닌
절망만도 아닌
애매모호한 별리의 뒷감당이란
속절없어서
다만 찬란하였다
저 홀로 바람은 불어가고
저 홀로 가로등 지쳐가는
그 밤길은
아득하여서 찬란하였다
어쩌면 막버스라는 이유 하나로
아마도 막버스라는 이유 하나로

# 떨림

가끔 가슴이 나뭇가지처럼 떨릴 때가 있다

읽고 싶던 책을 어렵사리 구해
첫 장을 넘길 때

늘 고지서로 채워지던 우편함에서
영영 먼 타국에 살러 간 옛 친구의 이름이 적힌 편지봉투를
발견했을 때

뜨거운 어묵탕에 뜨거운 정종을 마실 때

다락방 창밖으로 내리는 송이눈이
푹푹 십자가 위에 쌓여갈 때

늙은 어머니가 밥 대신 끓여준 라면을 먹으며 오랜만에 먹
으니 별미라고 거짓말할 때

가벼운 감기처럼 가슴 떨린다

우산 들고 기어이 정류장까지 나오는
아내와 눈이 마주칠 때

마음속 나뭇가지 하나가 살짝 떨린다

# 봄비

나는 떨어지고 싶다
떨어져서, 어느 집 뒷마당
텅 빈 장독에 고이고 싶다

아무도 없이 혼자
지상의 날들을 견디는 할머니
이제는 눈물도 마른 그녀의 눈가에
이슬처럼 가득히 고이고 싶다

봄비가 온다고
몸이 달아올라 기어이 버스 타고
청보리밭까지 마중 가던

푸른 샤워를 하러
그곳에 가던 그녀의 눈썹에
봄비로 내리고 싶다

# 세상의 아침

별들은 밤새
조개탄처럼 모여
우주의 난로에 불을 붙이지
뜨겁게 하늘을 달구어
기어이 붉은 불꽃 확, 피는
아침이 오는 것이지

새벽 군불 지피던 어머니처럼
쉽사리 붙지 않는
바람 속의 별들을 보며
지난했던 한 여자의 일생을 본다

보석 하나 걸치지 않아도
별처럼 빛나는 불꽃
어둠 속에 눈물로 뚝뚝
분지르는 생솔가지 연기 속에서도
눈부시게 찾아오는
세상의 아침이 있다

# 머루나무 한 그루 심은 까닭은

제가 집 뜨락에

머루나무 한 그루 심은 까닭을

당신은 모르실 겁니다

가을을 기다려 다디단 과육의

미각을 즐기기 위한 것인 줄 당신은 아실 겁니다

아니면 그 머루 열매 듬뿍 넣고 소주를 부어

술 익어가는 즐거움에 젖는

저를 상상하실 줄도 모르겠습니다

그러나 저는 그런 즐거움에 빠지려고

머루나무를 심은 게 아니랍니다

겨울부터 가을까지

오직 그 결실의 열매를 기다리는 까닭은

그저 한없이 까만 그 눈동자를 보고픈 까닭입니다

당신이 고개를 돌려 바로 코앞에서

내 눈동자를 들여다보던 어느 날

무슨 이야기를 하려고 그랬는지는 생각나지 않지만

머루알 같던 까만 눈동자와 부딪치던

그 순간만은 또렷이 기억납니다

책 읽기 딱 좋은 30센티미터 거리에서

제 눈동자를 들여다보던 당신의 눈동자

비에 씻긴 머루알 두 송이 같던 눈동자

그것은 제 가슴에 운석처럼 떨어져 파문을 일으켰습니다

아주 잠깐, 스치듯 지나간 순간이라

당신은 까마득히 잊었을 그날의 일을

저는 아직도 못 잊고 있습니다

그러니 당신 이제는 알겠는지요

느닷없이 어느 날 묘목가게로 달려가

한 그루 머루나무를 사 온 제 마음을요

몇 년을 기다려 처음

주렁주렁 열리는 그 열매를 보고

제 마음 북소리가 얼마나 컸을지를요

해마다 참고 또 참으며

겨울부터 가을까지 기다리는 까만 눈동자

오직 그것만을 위해

머루나무 한 그루를 심은

제 마음을요

# 빗물

이마 위로 빗물이 떨어질 때
누구의 땀일까 궁금했다

속초에서 오징어 잡는 종택이의 땀인지
염전에서 일하는 먼 친척 아저씨의 땀인지
아니면 저 멀리 커피농장에서 일하는 흑인 소녀의 땀인지
늘 그것이 궁금했다

세상 모든 비에는 사람의 땀이 스며 있다
떨어진 낙엽을 거름으로 새잎 돋아나듯이
노동의 땀방울이 떨어져 비가 된다

비 오는 날이 좋은 이유는
사람의 땀 냄새를 맡을 수 있기 때문이다
일하는 사람들의 땀이 빗물에 스며
빗물은 짠맛이 나는 것이다

제3부

# 동충하초

겨울에는 동물이고 여름에는 풀이 되는
동충하초처럼

한 시절은 뜨겁게 동물처럼 살고
한 시절은 아무 욕심 없는 풀처럼 살고 싶다

1년마다 번갈아
몇 년에 한 번 번갈아
삶의 조건과 생각들을 완전히 바꿔
새로운 삶을 나에게 주고 싶다

열정에 뛰다가
침잠에 쉬는
동충하초 같은 인생을 살아보고 싶다

# 못

마지막 망치 소리가 귓전을 때릴 때
그날이 금요일인지 토요일인지
내가 몸을 떠난 곳이 산이었는지 도시였는지 생각했고
이내 이 생에서 내가 박았던 숱한 못이 생각났다
관 속에 들어가 삶의 끝을 맛보는 체험
어둠 속에서 죽음의 발자국 소리 쿵쿵 울릴 때
아내와 아이들, 지인들에게
얼마나 많은 못을 박았는지가 생각났다
못의 길이와 굵기마저 느껴졌다
여름이었는지 겨울이었는지
바람 불었는지 꽃이 피었는지는 흐릿했지만
땀 한 방울 흘리지 않고
때로 땀 뻘뻘 흘리며
쿵쿵 못을 박고 있는 나를 보았다
흑등고래가 파도를 박차고 떠오르듯
눈 앞에 펼쳐지는 생생한 장면
스마트폰 카메라의 파노라마 기능처럼
챠르륵 챠르륵 길게 이어지는

이 생과 저 생의 다리 위,
그 못을 어찌 다 뽑으려는지
뽑힌 못자리는 어찌 다 아물게 하려는지
아득한 생각만 들었다
어둠 속에서 쿵쿵,
관에 대못 박는 소리 들으며
이 생애 내가 친 모든 대못 소리가 한꺼번에 몰려들었다

# 낙화

보도블록 위로
목백일홍 꽃잎 떨어지네
갈라진 상처에
붉은 소독약 발라주네
가문 논바닥 같은 일상
밟히고만 사는 인생에게
쏟아지는 위로의
말, 말, 말

찬 바람 부는 오후
깨진 무릎 호호 불며
붉은 소독약 발라주던 손이
그립네

# 눈꽃

그 마을에서는
사람들 머리 위에 눈이 내린다
평생 내리고 내려
산 위에 쌓이는 눈
이등병에서 병장으로
계급장 더해지듯
차례로 쌓이고 쌓여
마침내 새하얀 머리꽃
후회, 영광, 기쁨, 상처 따위
모두 흰 눈에 덮으라는
신의 뜻인가
그래서
그 마을에서는
사람들 머리 위에 눈이 내린다

# 교동 182번지

법원 아래 교동 182번지
옛 친구가 태어난 파란 지붕 집

그의 아버지도 어머니도
스무 살에 집 떠난 그도 없는
목련 한 그루 서 있는 집

오며 가며
오래 서서 바라보네

머물지 않는 시간의 물결이
스쳐 간 흔적들 속에
그 집을 드나들던 내 모습을 보네

새들처럼 지저귀던 옛사람들
죄다 날아가 버린
교동 182번지

목련만 외로이 키가 큰

교동 182번지

# 석이버섯

저기
아득한 절벽을
산양처럼 오르는
너는 누구냐

까마득한 세월을
살아낸
아득한 아버지 이마에
킬리만자로의 표범처럼 오르는
너는 누구냐

삶의 벼랑을 오르지 않고는
결코
피어나지 않는
너는 누구냐

# 미루나무

집 앞 길가에
미루나무 한 그루 서 있었다
해마다 가을이면
무성하던 그 나무 마른 잎들을
싸리 빗자루로 쓸어주었다

언제부터인지
미루나무가
긴 가지와 잎을 빗자루 삼아
허공을 쓰는 것을 보았다

내 마음에
삶의 찌꺼기가 쌓일 때마다
조용히 그걸
쓸어주는 걸 보았다

# 물수제비

너와 강가에 나가
나는 돌을 던진다
조용한 강의 수면에
돌을 던지면
통통통통통
튕겨지는 조약돌
낮게 물 차며 나는 제비 같대서
물제비 뜨기인지
수제비 뜰 때 같대서
물수제비 뜨기인지
종종 헛갈리지만
오래전부터
사람들은 그렇게 돌을 던져왔던 것이다
그것은 물의 마음에 노크하는 일
외로울 때, 누군가의 사랑이 필요할 때
가장 낮은 자세로
가장 가난한 납작돌로
사람들은 강에 돌을 던진다

오늘 나도

너의 마음 노크하는 것이다

# 고드름

나무는 추울수록
더 단단한 나이테를 갖는다
가파른 등고선을
제 몸에 새겨 넣는다

인생의 비망록은
사람의 몸에도 기록되는 법이다

눈물로 뼈를 채우는 추운 밤의 시절은
투명한 결기로 빛나는 법이다

겨울 아침
그런 인생 드라마 한 편
보는 것이다

# 바다

퇴근하여
차를 몰고 바닷가로 나왔다
오늘 하루는 참 힘들었으므로
달콤한 산책을
나에게 보너스로 주는 것이다
커피잔을 입에 물다가
문득
바다는 휴식이 없다는 걸 알았다
퇴근이 없다는 걸 알았다
파도처럼 밀려오는 컨베이어에서
늘 잔업에 시달리던 누나,
휴가가 뭔지도 모르던 그녀가
오늘도 저렇게 야근을 하는구나

# 흐름에 대하여


사과는 봄에서 가을로 흐른다
제비가 봄에서 가을로 흐르듯

우리는 모두 흐르는 것이다

1월은 12월을 향해 흐르고
아침은 저녁을 향해 흐른다

붓은 종이를 향해 흐르고
오늘 바람은 북서풍,
남동 쪽을 향해 흐른다

있음은 없음을 향해
없음은 있음을 향해

나뭇잎은 왼쪽에서 오른쪽으로
파도는 대양에서 육지로

모든 것은 흐르는 것이다

흐르는 것들은 가슴속에 무엇 하나씩 품고 있다
저렇게 울며 흐르는 강물도
가슴속에 무엇 하나 품고 있을 것이다

쉽게 꺼내지 못하는 그것 때문에
흐르는 것들은 고독한 것이다

# 은어

너를 만나러
경춘선 열차를 탈 때
은어는 산이 그리워
바다에서 올라왔다

그리운 너를 찾아
남춘천역에 내리면
어깨 위에 쉼 없이 쌓이던 송이눈

은어가 올라오면
강변의 아카시아꽃도
그렇게 흩날렸다

나와 은어의 사랑은
쏟아지는 눈과 꽃도 알아주는 것이었다

# 벽난로

무어 그리 춥지도 않은데
기어코 벽난로를 들이는 것이다

단지
따뜻한 심장 하나 갖고 싶었던 것뿐이다

# 그 마을

부엉이가 울면
달이 뜨는 마을이 있다
뱀이 먼저 기어간 길을
사람들이 따라 걷는

강물이 울면
눈 오는 마을이 있다
홍시처럼
연이 많이 걸린

삽살개가 울면
양철지붕 가득
빗소리 들리는
작은 마을

개울에 항아리 박아
갈무리한 생선
석쇠에 구워내면

멧새도 힘차게 나는 마을

그 마을에 가고 싶다

# 겨울 숲

    12월의 숲에 누워 차가운 눈의 숲에 누워 운명처럼 부는 바람을 맞는다 잎 다 떨군 하늘 무심한 개울물만 얼음장 속을 거니는 오, 12월의 숲이여 정녕 잊은 적 없는 어떤 일이란 있는가 정녕 가슴 시린 그때의 일이란 아직도 끝나지 않았는가 나무의 가슴 치는 딱다구리 소리 툭툭 떨어지는 눈송이 소리보다 더 절실한 그 무엇 정녕 있는가 나는 알지 못하는 그런 비밀, 저 구름의 묵언보다 참나무 잎새의 떨림보다 아픈 무엇 정녕 있는가 정녕 있는가 이 눈의 숲보다 더 가난한 풍요

제4부

# 실향민

아바이 고향이 북이라는
오징어 배 선원 김 씨는
툭 하면 뱃고물에서 똥을 누었다
북위 38도 33분 바다 한가운데
세상에서 가장 넓은 화장실에
크응, 힘을 주고 똥을 누었다
똥은 둥둥
잘도 떠내려가
휴전선을 넘나들었다
김 씨는 속이 다 시원해서
똥만 바라보며 시간을 보내다
선장의 잔소리조차 들었다
세상에 나서
저렇게 멋진 똥을 본 적이 없다
파도를 타고 유유히
아버지의 바다로 가는 똥
김 씨는 행복하기만 했다

# 만추

가을 속으로 깊이
발을 내밀자
감잎이 물들었다
우편함에
편지 한 통이
떨어졌다
긁힌 마음에서
피가 떨어졌다
바다에 발목을 적시니
온통 노을
기차가 붉은 기적을 울리며
목포역을 떠날 때
나는 시간을 잊기로 했다
사람을 잊기로 했다
유화 같은 안개 속에
고개를 넘듯
푸르던 시절은 그저
썰물에 떠나보내기로 했다

갯벌 위에 서약하고

붉은 무인을 꾹, 찍었다

# 손

손을 잡는다
너의 생각에 나의 생각을 포갠다

국경선을 넘듯
힘겹게

저 보스포러스 해협의 배처럼
남루한 시절을 건너

클로버 가득 찬 들판으로
오, 클로버 가득 찬 들판으로

너의 손을 잡는 순간
지구에 꽃이 핀다

# 11월

너와 내가
서로 나란히
나무처럼 서 있는
11월

은행잎 노오랗게 물들듯
희게 물든 우리 둘 머리칼 위로
두 마리 새가 난다

두 줄기 들국화
느낌표 같은 가을날

둘의 눈과
두 개의 손
붉은 사과 두 알
나란히 걷는

11월!!

# 사강의 노을

나에게 가을은 노을이다
붉은 감잎 너머 노을 떨어질 때
보낸 엽서 한 장
사강 사설우체국 소인이 찍혀 있었다
우연히 찾은 갯마을에서 맛본 생굴 비린내
엽서에 묻어 있었다
프랑수아즈 사강과 이름이 같아서였을까
그 소읍의 모든 것이 좋았다
바다로 연결된 방죽 끝까지
걸어 오가기를 수차례
운명처럼 한 여인을 만났으면 하였다
사강을 닮은.
그러나 그런 일은 일어나지 않았다
다만 방죽 끝에서 노을 한 장 떨어지며
말갛게 나를 쳐다보았다
나는 노을에 내 그리움을 적어 보냈다
붉은 엽서였다
붉은 고백이었다

바다와 섬 너머로
찬란히 떨어져 내리던 사강의 엽서
해마다 다시 그 엽서를 쓰는 것이다
사강의 붉은 노을 한 장

―――――――――
＊사강: 경기도 화성시 사강리. 대부도 가기 전 바닷가 마을.

# 모기

나에게 빨대를 꽂고
많이 먹거라
이 더러운 피를 무어 그리 먹으려고
안달이 났더냐
나는 누구에게 따뜻한 손 내민 적 별로 없고
우산을 나눠 쓴 적도 별로 없다
혼자 슬프고
혼자 괴롭고
은근히 교만하고
질투하고 미워하고 화내고
참 볼품없는 피를 가졌거늘
먹으려면 먹거라
실컷 마음대로
이 더러운 피를 다 가져가거라
그러나 저 구석 어디 쥐똥만큼 남아 있는
꽃 같은 마음 한 자락 있거들랑
그것만은 빨아먹지 말아다오
이 비루한 목숨 근근이 이어갈

생명의 담보물이거니
서로 지킬 건 지키자
그러니 어서 나의 피를 먹으렴
나의 모든 더러운 피를
쭉쭉 빨아 먹어다오
텅텅 빈 코코넛 속같이
탈탈 더 털려
새 물 고일 때까지
어서 내 피를 빨아다오

# 말투

음악 하는 J의 말투
글쎄 그게 은근히 재미있어요, 은근히
그의 말을 들으면 은근히 미소 짓게 된다니까

K는
그닥 어렵지 않아요 그닥, 이라고 말한다
얼굴 예쁜 그녀의 말은 그닥 새롭지 않은데
새롭다니까

술꾼 L은
뭐 있나 쭈욱 가자, 쭈욱
그날은 쭈욱 가게 된다니까

그래서 신기한 나는
허 참, 허 참, 말하게 되는데
그러다 보면
TV에 허참이 나온다니까

# 열쇠의 시간

주머니에 현관 열쇠를 넣고 다니는
사람들을 안다
연식이 오래된 열쇠만큼이나
늙수그레한 사람들
전자열쇠 따위는 모르는
쭈그러진 손으로
구닥다리 자물쇠를
잘도 연다
열쇠로 관용과 지혜를 여는
사람을 따라 집으로 들어서면
아득한 풀냄새가 난다
예초기 대신 낫을 잘도 쓰고
간장 된장을 잘도 담그는 사람들
점점 사라지는
희귀 동물 같은 사람들을 안다

# 가을 아날로그


전보 한 통

묵은지 같은 그 아날로그 한 통

보내고 싶은 사람

불쑥 전하고 싶은 사람 있다면

그는 후회 없을 사람이다


가을 낙엽 넣은 편지 한 통

만년필로 적어 밤새 우편 마차 타고

도착할 곳이 있다면

그 편지 하나에 살아가는 이유

생기는 사람 있다면

그 또한 살아갈 이유가 있는 한 사람이다


천장의 쥐 소리조차 그리운

디지털 시대의 가을

뒤 개울에 등잔 씻던 사람이 보고 싶다면

그 사람은 쓸쓸한 것이다

삐비꽃 한 송이 들고 빨간 볼로 걷던

추억에 눈이 붉어진다면 그 사람은
이미 쓸쓸한 것이다

그립고 쓸쓸한 계절이 오면
그리워하고 쓸쓸해도 좋은 것이다

# 미역

날마다 날 위해
머리 감던 소녀가
치렁한 머릿결 갯비린내 풍긴다
바지랑대에 널린 세월과 함께
바람에 말라가는 미역 줄기
양수 다 쏟고 얻어낸 핏덩이를 보며 웃는
슬픈 여자를 위해
다시 물에 젖는 바다의 여자여
뭍과 바다에서 각자의 삶을 살았지만
세파에 쓸리던 경험 서로 간직한 미역이여 아내여
오래된 동지처럼 제 한 몸 뚝 떼어
새 삶 열어주는 너희를 보면서
아무것도 할 수 없는 사내 부엌에 서서
물 끓는 소리에
울음 한 움큼 섞어
미역국을 끓인다

# 은비 내리다

은비가 내린다. 은행잎 켜켜이 쌓인 거리 위로. 영사기 비춘 무명천 위로 지글대던 은막의 비인 듯, 아침 식탁에 오를 프라이팬의 계란 위로 튀어 오르던 기름방울인 듯

홍두깨로 넓게 편 밀가루 반죽 위로 누군가 툭툭 뿌려주던 날것의 밀가루처럼 이 시간 지구 위로 한 세월이 떨어져 내린다. 탁탁 칼로 채 썬 칼국수 한 그릇 비우던 저녁과 두레 밥상에 섞이던 말들이 튕겨지는 11월의 거리

먼 여행을 떠나온 것만 같은 오후, 지나가는 시내버스가 일으킨 바람에 달걀 프라이 뒤집히고 황금빛 추억이 양탄자처럼 하늘을 나는 기적의 가을, 멀리 기적을 울리며 기차도 지난다.

수도국 아랫마을 지붕 낮은 집 위로 은비 오는 오후, 비루한 칼국수에 코 박고 지즐대던 가족이 있던 시간의 굴렁쇠 하나 은행잎 무성히 깔린 거리 위로 굴러간다.

# 낙지부인

친구들이 여자를 데려오기로 했다
그중에 낙지부인이 있다고 한다

나는 가슴이 콩닥거렸다
낙지처럼 친친 몸을 감으면
속절없이 내 한 몸 맡길 것만 같은 이름

횟집에서 만나 회를 시켰다
가자미회 문어 숙회
그리고 낙지

회를 먹기 시작했을 때
나는 알았다
그녀가 왜 낙지부인인 줄을

양손 젓가락에 오직
낙지를 친친 감아
소금장 듬뿍 찍어 한입에 넘기는 그녀

아무도 낙지 접시에 손을 못 대게 하는 카리스마

그녀는 분명 낙지부인이었다

# 세모

우리 만나면
백색소음 한 가마니 정도
갓등 아래 쌓을 수 있으리라

오래고 낡은 이야기들로 누빈
홑이불 같은
그 많은 날들에
몸서리치며
한숨을 쉬리라

밤늦은 메밀국수와
돌부리에 넘어지던 생의 모퉁이를
안개처럼 떠올리리라

시간의 실타래가 길게 늘어진
한 해의 끝자락

푹푹

주전자 연기 올라가는 거실에
우리 모여 앉으면

# 수국

동네 입구에
수국 한 무더기 피었네
보라색이었네

피는 땅에 따라 색깔이 달라진다는
누군가의 말을 들었네
흰색, 분홍색, 자주색, 보라색

이 무슨 감수성인가

어느 광고 카피는
남자는 여자 하기 나름이라는
유명한 말을 남겼는데

수국은 땅 하기 나름이란다

너는 어떤 땅이냐

# 대화

홀로 강가에 나가는 게
고독해 보이는가

그렇지 않다
비로소 대화다운 대화를 하는 것이다

이 산굽이 저 돌부리 부대끼며
흘러온 강물이
이 일 저 일 부대끼는
사람의 말을
가장 잘 이해하는 법이다

산전수전 다 겪은 늙은 주모의 집에
혼자 술 먹는 사람처럼

홀로 강가에서
대화다운 대화를 나누는 것이다

# 거울과 유리

어떤 이는 거울 같다
그를 보면
내가 보인다

어떤 이는 유리 같다
그를 보면
세상이 보인다

# '귀향 의식'과 사물의 '본래성'에 대한 탐구

박호영(시인·문학평론가)

## 1. 방송인에서 시인으로

임명철 씨는 80년대 초에 알고 지내던 방송인이다. 그는 MBC에 근무했고, 나는 강릉대학교 국문학과 교수였다. 그때 내가 MBC의 대담프로 한 코너를 맡아 1년 넘게 진행했었는데, 임 씨는 방송에 서투른 내게 친절하게 여러 가지 편의를 봐주었다. 그 후 40여 년이 지나 그가 시집 해설을 부탁한다고 전화를 했다. 나도 모르는 사이에 그가 시인이 된 것이다. 이미 칠십 후반을 넘어서 감각이 떨어져 가급적 시 해설을 사양하고 있는 내게 실로 난처한 일이었다. 거절을 하기에는 아직도 마음속에 남아 있는 그의 선량함과 친절함이 망설임을 안겨주었다. 결국 나는 몇 번 고사를 하다가 그의 부탁을 들어줄 수

밖에 없었다.

　사실 나는 그에 대해 아는 것이 별로 없다. 퇴사한 지도 한참 되었을 텐데 그동안 가정은 어떻게 꾸려 살고 있고, 퇴사 후 무엇을 했는지 알지 못한다. 다만 10여 년 전부터 시를 쓰기 시작했다는 사실만을 전화로 물어서 알게 됐을 뿐이다. 10여 년 전이라면 아마도 오십 넘어서 시를 쓰기 시작한 것이고, 등단은 그의 경력 사항을 보니 2년 전이었다. 그야말로 늦깎이 시인으로 등단을 한 것이다. 나 역시 평론 등단은 서른 살에 했지만, 시인이 된 것은 오십이 넘은 때이니 늦깎이 시인인 점에서는 같은 처지이다.

　시인이 아니더라도 시를 틈틈이 쓰고 있고, 그런 습작시를 모아 시집을 내고 시인으로 등단하려는 사람들이 의외로 많다. 왜 사람들은 이렇게 시를 쓰고 시인이 되려고 하는 것일까? 내 생각으로는 인간의 근원적인 감정 속에 '시적'인 것이 내재하고 있기 때문이라고 본다. '시적'이라는 것은 그 본의가 지금은 많이 훼손되긴 했지만, 일반적으로 아름답고 순수한 감정을 지칭한다. 한 마디로 서정적인 것이 시적인 것이다.

　임명철 시인의 시집『너의 손을 잡는 순간 지구에 꽃이 핀다』에 실린 시들을 살펴보면 대부분의 시가 순수한 서정의 '시적' 포즈를 취하고 있다. 얄팍한 기교나 현학적, 관념적인 시어를 찾아보기 어렵다는 사실 하나만 보더라도 이런 사실을 쉽게 알 수 있다. 이렇게 시인으로서의 기본적 태도를 취하고 있다는 것은 앞으로 계속 그가 좋은 시들을 선보일 수 있음을 반증한다. 이번 시집에 수록된 시들은 그 주류를 이루는 주제를 '귀향 의식'과 사물의 '본래성' 탐구로 크게 나눌 수 있을 것 같다. 이 주제를 중심으로 그의 시에 대한 해설을 하고자 한다.

## 2. '귀향'을 통한 존재의 염려

임명철의 시에서 우선 눈에 띄는 것은 '귀향 의식'이다. 귀향이란 무엇인가? 쉽게 말해 태어난 곳으로 돌아가고자 하는 바람이다. 연어가 아무리 먼 바다로 나가더라도 그들이 태어난 곳으로 돌아오듯이, 인간도 연어 같지는 못하지만 자기가 태어난 곳을 찾고자 하고, 어릴 적 대했던 모든 풍물들을 그리워한다. 이 그리워하는 대상에는 사람이나 자연물뿐만 아니라 '놀이'도 포함된다. 그러나 우리는 '고향 상실'의 시대에 살고 있다. 설사 고향에 살고 있다 하더라도 그 고향은 어릴 적 꿈을 키우던 예전의 고향이 아니다. 순수함도 잃었고, 자연물도 그 옛날과 같지 않고, 자기를 보살펴주던 많은 분들도 이미 저 세상으로 떠났다. 그 대신 낯선 풍경들이 주위에 가득 차 있다. '귀향 의식'이 생기게 됨은 당연하다.

그날 십자가 아래 종탑에서

새벽 종소리가 새처럼 날아가고

이윽고 후투티가 공중에 선을 그으며

자신의 몸을 울어댔다

두부 장수의 종소리가 울린 건

후투티가 언덕 벽의 자기 집으로

막 들어간 뒤였다

아침 식사를 끝낸 동네 꼬마 훈이가

세발자전거를 끌고 나오자

새소리 같은 따르릉 소리가

마당 이리저리 굴러다녔다

고무줄 소리, 우물가 두레박 소리,

국수 치대는 소리,

어이 어이 애들 모여라

여자는 필요 없고 남자 모여라

거기에 화답하는

어이 어이 애들 모여라

남자는 필요 없고 여자 모여라, 소리

따로따로 놀다가

부아앙 소독차 소리에

함께 고함치며 신작로를 내달리는 아이들

마음 내키는 대로

예술적으로 쩔그럭대는

호박엿 장수 가위질 소리

그 어린 날의 그리운 소리들

　　　　　　　　—「그리운 소리들」 전문

　이 시는 시인이 직접적으로 귀향의 소망을 표현하고 있지
않지만, 지금도 귓가에 들리는 듯한 어린 날의 소리들을 그리
워한다는 점에서 '귀향 의식'이 모티브가 된다고 할 수 있다.
시인은 기억 속의 소리들을 파노라마처럼 전개한다. 아마도
60대가 넘어선 사람들은 이 시에 나열된 소리들—새벽 종소리,
두부 장수의 종소리, 세발자전거의 따르릉 소리, 고무줄놀이
하는 소리, 우물가 두레박 소리, 국수 치대는 소리, 엿장수 가
위질 소리—을 대부분 기억할 것이다. 그 소리들은 지금은 들
리지 않는 사라진 먼 과거의 소리이지만, 이 시를 통해 다시 살
아나고 우리를 추억하게 한다. 독자들은 이 시를 읽으며 나도
과거엔 저런 소리를 들으며 자랐는데 그 소리들이 모두 어디
갔을까 하며 아쉬움과 허망함의 감정을 가질 것이다.
　시인은 왜 이 소리들을 소환하고 있는 것일까. 그것은 어릴
적 그 소리들을 듣던 때가 충족한 시기였기 때문이다. 이때 충
족함이란 물론 정신적 충족함을 지칭한다. 궁핍한 시대에 많
은 것들이 부족했어도 그때가 만족하고, 아늑하고, 즐거웠다.
그러기에 어릴 적으로의 귀향을 소망하는 것이다. 귀향은 '잃
어버려 있음'을 되찾고자 하는 노력이다. 귀향하는 자는 이를
통해 자기 발견을 도모한다. 자기도 모르게 본래적인 자아를

떠나 멀리 떨어져 나온 자신을 성찰하는 것이다.

'귀향 의식'의 근원에는 존재의 불안함이 자리 잡고 있다. 그러나 이 불안이 부정적 감정은 아니다. 오히려 지극히 긍정적인 감정이다. 어느 누구도 불안하지 않은 자는 없다. 태어나는 순간 '내던져진 존재', '죽음을 향하는 존재'가 된 인간은 자기의 현존을 불안해한다. 이를 쉽게 이해하자면 엄마의 품을 떠나지 않으려 했던 유아기를 생각하면 된다. 이 행동은 유아가 불안하기 때문이다. 인간이 본능적으로 자유를 갈망함은 불안의 고통을 해결하려 함이다. 다음의 시들을 보자.

①
그의 아버지도 어머니도
스무 살에 집 떠난 그도 없는
목련 한 그루 서 있는 집

오며 가며
오래 서서 바라보네

머물지 않는 시간의 물결이
스쳐 간 흔적들 속에
그 집을 드나들던 내 모습을 보네
—「교동 182번지」 부분

②

나 언젠가 꼭 양수리에 가야 합니다

꿈에서라도 꼭 가야 합니다

저 먼 별처럼 그리운

환청처럼 시달리게 하는 그곳

내 마음의 양수리

—「양수리」부분

①에서 시의 제재가 되는 '교동 182번지'는 시인이 예전에 드나들던 지인의 집이다. 이 시의 '그'는 아주 친했던 친구일지도 모른다. 그는 스무 살 이전에는 '교동 182번지'에 있었다. 그러나 지금은 그도 없고 그의 부모도 없다. "새들처럼 지저귀던 옛사람들/죄다 날아가 버"리고 다만 목련 한 그루만 서 있을 뿐이다. 그 집에서 시인은 "시간의 물결이/스쳐 간 흔적들"을 본다. 시인이 젊을 때에는 그 집을 드나들며 그와 어울리고 그의 부모들과도 인사를 하며 지냈는데 이제는 그곳이 폐가나 다름이 없다. 하지만 그의 뇌리 속에 축적된 과거의 추억마저 없어진 것은 아니다. 그 추억은 과거의 갈피 속에

서 새록새록 솟아난다. "오며 가며/오래 서서 바라보네"란 진술을 통해 우리는 '교동 182번지'에 대한 시인의 미련과 애정을 감지한다. 우리가 여기서 유의해야 할 것은 공간이란 것이 누구에게나 똑같은 공간이 아니라는 점이다. '교동 182번지'가 다른 사람에겐 아무런 공감도 없는 폐가일지 모르지만, 화자에겐 폐가가 아니다. 아직도 과거를 간직하고 있고, 시인을 그 과거로 부르는 잠재성의 공간인 것이다.

②의 '양수리' 역시 시인에겐 특별한 체험이 축적된 공간이다. 달리 표현하여 장소성(場所性)을 지녔다고 말할 수 있다. 시인은 외롭거나 슬프거나 억울할 때 그곳을 가고 싶어 한다. 그곳에 가면 외로움, 슬픔, 억울함을 풀 수 있을 것만 같다. 왜냐하면 그곳엔 서럽던 인생들이 있고, 외롭던 강물들도 만나는 곳이기 때문이다. 속세를 등지듯이 서울 떠난 친구들도 그곳에 있다. 그래서 꿈에서라도 꼭 가고 싶고, "저 먼 별처럼 그리운" 것이다. 그러므로 양수리는 화자에게 일반 사람들이 끼리끼리 모여 MT를 가거나, 휴일을 맞아 가족과 휴식을 취하는 공간이 아니다. 그 이상의 의미를 지닌다.

귀향의 장소성은 이외에도 "하릴없이 시름에 겹던/스무 살 언저리", "우리들의 아지트"(「유리집」), "무궁화꽃이 피었습니다, 고백하면 어김없이 피어나던"(「풍동리의 여름」) "삽살개가 울면/양철지붕 가득/빗소리 들리는/작은 마을//개울에 항아리 박아/갈무리한 생선/석쇠에 구워내면/멧새도 힘차게 나는 마을//그 마을에 가고 싶다"(「그 마을」) 등에서 찾아볼 수 있다. 이 '귀향 의식'의 백미(白眉)는 「사강의 노을」이다. 첼로의 선율을 듣듯 전혀 들뜨지 않은 나지막하고 자연스러운 시인의 목소리는 독자로 하여금 시 속으로 몰입하게끔 한다. 「사강의 노을」은 임명철의 시인으로서의 무한한 가능성을 보여주는 뛰어난 가작(佳作)으로 평가된다.

나에게 가을은 노을이다

붉은 감잎 너머 노을 떨어질 때

보낸 엽서 한 장

사강 사설우체국 소인이 찍혀 있었다

우연히 찾은 갯마을에서 맛본 생굴 비린내

엽서에 묻어 있었다

프랑수아즈 사강과 이름이 같아서였을까

그 소읍의 모든 것이 좋았다

바다로 연결된 방죽 끝까지

걸어 오가기를 수차례

운명처럼 한 여인을 만났으면 하였다

사강을 닮은.

그러나 그런 일은 일어나지 않았다

다만 방죽 끝에서 노을 한 장 떨어지며

말갛게 나를 쳐다보았다

나는 노을에 내 그리움을 적어 보냈다

붉은 엽서였다

붉은 고백이었다

바다와 섬 너머로

찬란히 떨어져 내리던 사강의 엽서

해마다 다시 그 엽서를 쓰는 것이다

사강의 붉은 노을 한 장

—「사강의 노을」 전문

　언제 시인이 바닷가 마을 사강리를 갔는지는 모른다. 유난
히 모래가 많았으므로 사강리(沙江里)라 불렸다는 마을. 마을
어귀까지 조수가 드나들며 방죽 끝까지 가면 바다와 만나는
곳이 사강리다. 그곳에서 '나'는 마을 이름이 『슬픔이여 안녕』
이란 소설로 너무나 유명한 프랑스 여성 작가 프랑수아즈 사
강과 같기에, 사강을 닮은 한 여인을 만나기를 꿈꾼다. 노을
이 떨어질 때이다. 그러나 그런 일은 일어나지 않고, 나는 노
을에 나의 그리움을 담아 해마다 엽서로 적어 보낸다. 노을과
같은 붉은 열정이 담긴 "붉은 고백"의 연서(戀書)이다. 이 사
강리로의 귀향을 우리는 어떻게 받아들여야 할까. 시인이 그
때 체험한 사강리는 멋지고 아름다운 곳이었을 것이다. 가을
의 붉은 감잎과 노을은 최상의 앙상블로 뇌리 속에 남아 있
다. 더군다나 '사강리'란 지명이 시인이 감동적으로 읽은 소설

의 작가 사강과 이름이 같다. 어찌 '귀향 의식'이 생기지 않을 것인가. 물 흐르듯이 자연스레 전개되는 시의 내용은 독자들로 하여금 낭만적 분위기에 젖게끔 유도하기도 한다.


### 3. 사물의 '본래성' 탐구

임명철의 시에서 또 한 가지 빼놓을 수 없는 주제는 사물에 대한 탐구이다. 우리는 시인의 여러 시에서 사물의 '사물화'를 심심찮게 찾아볼 수 있다. '사물화'란 사물을 범상히 보아 넘기지 않고 시인만의 관찰로 사물의 내재된 의미를 〈끌어 내옴〉이다. 사물이란 무엇인가? 사물 역시 인간과 마찬가지로 이 세계 속에 던져진 존재이다. 그러나 단순히 존재하는 것은 아니다. 끊임없이 말을 하고 있다. 사물의 말. 이 말은 생물체에만 국한되는 것은 아니다. 무생물체에게도 말이 있다. 사물을 만나는 사람이 어느 사람이냐에 따라 그 말은 무한히 변용된다. 그러므로 사물은 잠재성을 지닌 실체이다. 중요한 것은 사물을 대하는 이가 누구냐이다. 달리 말해 '부름'의 주체가 중요한 것이다. 나무를 예로 들어볼 때 '부름'의 주체가 목수이면 나무는 유용성에 국한될 수 있다. 책상이나 선반의 소재로만 쓰일 가능성이 많기 때문이다. 이렇게 되면 사물의 다양한 존재 의미가 상실된다. 그러나 시인의 '부름'을 받으면 나무는 대지에 뿌리를 내리고 하늘을 향해 성장하는 정감의 실체가 될 수 있다. 나무는 시인으로부터 무한히 변용된다. 시인은 사물을 사물 그대로 보지 않고 본래성을 탐구한다. 시인으로부터 사물은 비로소 '사물화'한다. 우리는 그 '사물화'를 다음 시에서 발견할 수 있다.

아이들이 동그라미를 그리고
그 안에 색칠을 하듯이
벼는 먼저 껍질을 만들고
그 안을 열매로 채워가네

아이들이 작게 동그라미를 그리듯이
벼는 작게 껍질을 만드네

세상 사람들이 큰 집을 지을 때
벼는 아주 작은 집을 짓네

작은 집끼리 모여
한 마을을 이루네

밥 한 공기 속에 알콩달콩 모여
한 사람의 허기를 달래네

아이를 키우려면 온 마을이 필요하다 했던가

사람을 살리는 데
쌀의 마을 하나가 필요하네

서로 함께 사람 하나 키우고 살리네

—「쌀」 전문

아이들이 동그라미를 그리고 그 비어 있는 공간을 색칠을 하여 채우듯이, 벼는 먼저 껍질을 만들고 그 안을 자양분을 지닌 열매로 채워간다. 세상 사람들은 욕심껏 큰 집을 짓지만, 벼는 아주 작은 집을 짓는다. 그러나 그 '작은 집'은 무수히 모여 쌀의 마을을 이루고, 허기진 사람을 살린다. 그러기에 사실 벼의 집은 '작은 집'이 아니다. 사람을 살리는 '큰 집'이다. 오히려 세상 사람들의 '큰 집'이 세상에 아무런 기여를 하지 못하는, 탐욕의 산물로서의 '작은 집'이다. 이 같은 인식은 '쌀'이란 사물에 대한 시인의 세심한 사랑과 주시로 가능해졌다. 아마 독자들은 이 시를 읽으면서 뜨거운 햇살을 온몸으로 받으면서 힘껏 물을 끌어 올려 자기 몸의 내부를 타인의 구명(救命)을 위해 채우는 벼의 헌신적 태도를 새롭게 느낄 것이다. 한갓 곡물에 불과한 벼와 쌀이 이렇게 '사물화'된 적이 있던가? 어느 시인의 시에도 없는 것 같다. 이것은 마치 한 여자 농부의 '한 켤레의 구두'가 하이데거의 정치한 해석으로 성물(聖物)로 바뀌는 것과 유사하다. 시인은 일반인들이 강변이나 해변에서 즐기던 놀이인 '물수제비'도 예사롭게 보아 넘기지 않는다.

너와 강가에 나가

나는 돌을 던진다

조용한 강의 수면에

돌을 던지면

통통통통통

튕겨지는 조약돌

낮게 물 차며 나는 제비 같대서

물제비 뜨기인지

수제비 뜰 때 같대서

물수제비 뜨기인지

종종 헷갈리지만

오래전부터

사람들은 그렇게 돌을 던져왔던 것이다

그것은 물의 마음에 노크하는 일

외로울 때, 누군가의 사랑이 필요할 때

가장 낮은 자세로

가장 가난한 납작돌로

사람들은 강에 돌을 던진다

　　오늘 나도

　　너의 마음 노크하는 것이다

—「물수제비」 전문

　아마도 많은 사람들이 강가나 바닷가에서 납작한 돌로 물수
제비를 뜬 경험이 있을 것이다. 자기 몸을 한껏 낮춰 가급적 납
작한 돌을 골라 수평으로 던지면 돌은 물의 수면을 통통 튕기
며 멀리 날아간다. 누가 몇 번을 튕겨 멀리 날려 보내냐 내기
를 걸기도 한다. 이 내기의 승패는 힘도 힘이지만 얼마나 몸을
낮추느냐, 얼마나 납작한 돌을 고르느냐에 달려 있다. 시인은
얘기한다. "외로울 때, 누군가의 사랑이 필요할 때/가장 낮은
자세로/가장 가난한 납작돌로/사람들은 강에 돌을 던진다"
고. 이 함의는 무엇인가? 외로움을 벗어나기 위해서는, 사랑
을 얻기 위해서는, 가장 겸손한 자세와 가장 가난한 마음으로
상대에게 노크를 해야 한다는 것이다. 이것이 시인의 메시지
이다. 그래서 자신도 그런 자세로 사랑하는 이의 마음에 노크
를 하고자 한다.

　임명철의 사물에 대한 본래성 탐구는 다른 작품들에서도 심
심찮게 만날 수 있다. "그러나 나무는/저 자신만을 위해서/떠
는 게 아니다//숱하게 보아온/사람 세상의 질곡이 안타까워/
저렇게 몸을 떨고 있는 것이다"(「나무」), "언제부터인지/미루

나무가/긴 가지와 잎을 빗자루 삼아/허공을 쓰는 것을 보았다//내 마음에/삶의 찌꺼기가 쌓일 때마다/조용히 그걸/쓸어주는 걸 보았다"(「미루나무」) 등이 그에 해당한다.


## 4. 임명철 시세계의 지평

임명철은 시를 쓴 지 십여 년밖에 안 되었고, 시인으로의 정식 등단도 2년이 겨우 지났다. 나이는 많지만 경력으로 볼 때 어떤 시를 쓸까 한창 실험적 모색을 할 시기이다. 당연히 시작(詩作)에 있어서도 부족한 표현이나 서술이 있기 마련이다. 그러나 놀랍게도 그의 작품들은 지금까지 살펴본 바와 같이 상당한 기량과 깊이를 지녔다. 자연스러운 시상 전개가 바탕이 되고 있으며, 군더더기 표현을 찾아보기 어렵다. 그래서 그런지 거부감을 주지 않고, 끝까지 쉽게 읽어 나갈 수 있다. 임명철의 시가 지닌 장점이라 아니할 수 없다. 그 이면에는 모르긴 몰라도 습작을 놓고 끙끙대며 그것을 한 편의 시로 완성코자한 인내의 시간이 상당히 많았을 것이다. 마음에 드는 다른 시인들의 시를 읽으며 그 내밀성을 체화하려고 한 노력도 있었을 것이다. 이 같은 고통이 수반되었기에 그의 시세계의 지평은 널리 열려 있다고 본다. 임명철의 이번 첫 시집 발간을 진심으로 축하하며, 앞으로의 눈부신 발전을 기대한다.

**문학의전당 시인선  396**

# 너의 손을 잡는 순간 지구에 꽃이 핀다

ⓒ 임명철

| | |
|---|---|
| 초판 1쇄 인쇄 | 2025년 10월 10일 |
| 초판 1쇄 발행 | 2025년 10월 17일 |
| 지은이 | 임명철 |
| 펴낸이 | 고영 |
| 디자인 | 헤이존 |
| 펴낸곳 | 문학의전당 |
| 출판등록 | 제448–251002012000043호 |
| 주소 | 충북 단양군 적성면 도곡파랑로 178 |
| 전화 | 043–421–1977 |
| 전자우편 | sbpoem@naver.com |

ISBN   979–11–5896–715–4  03810

강원특별자치도     강원문화재단 Gangwon Art & Culture Foundation